Many Thanks

Albane Gellé

Many Thanks / *Mille mercis*

traduction en anglais : Noémie Imbert

En application de l'art. L.137-2.-I. du code de la propriété intellectuelle, toute reproduction et/ou divulgation de parties de l'oeuvre dépassant le volume prévu par la loi est expressément interdite.

© Albane Gellé, 2024

Traductrice : Noémie Imbert

Édition : BoD · Books on Demand GmbH, In de Tarpen 42, 22848 Norderstedt (Allemagne)
Impression : Libri Plureos GmbH, Friedensallee 273, 22763 Hamburg (Allemagne)

ISBN : 978-2-3225-1588-2
Dépôt légal : Décembre 2024

The greatest thing is to give thanks to everything.
He who has learned this knows what it means to live.

Albert Schweitzer

*La gratitude est le secret de la vie.
L'essentiel est de remercier pour tout.*

Albert Schweitzer

To all our beloved ones,
our friends
and those we haven't met yet

à tous nos aimés,
nos amis,
nos encore inconnus

Merci aux pierres qui font des ricochets, et merci à toutes les autres, qui n'en font pas

Merci au bruit du vent dans la forêt, merci aux gens qui doutent, aux pandas équilibristes, à toutes les lunes de Jupiter, aux nids d'hirondelles cachés derrière les grandes poutres, merci au bocal de billes d'être toujours un peu mal fermé, merci aux confidences inattendues, aux secrets partagés, aux reliances, aux traits d'unions, aux esperluètes, merci aux passerelles, aux baleines et aux éléphants

Thanks to pebbles that bounce, and thanks to all other pebbles that don't

Thanks to the noise of the wind in the woods, thanks to people who doubt, to panda bears walking like tightropers, to each moon of Jupiter, to swallows nests hidden behind long beams, thanks to the marble jar always slightly ajar, thanks to shared and unexpected secrets, to links and reliance, to ampersands, thanks to bridges, to whales and elephants

Merci aux expériences de mort imminente, merci aux caliméros qui décident un jour de se mettre à rugir de plaisir, merci aux arbres de reverdir, merci à la cuisine végétarienne, merci à la poésie, merci au soleil dès le matin, à sa lumière quand il se couche, merci au soleil à l'intérieur, merci aux pauwlonias, aux cèdres du Liban, aux araucarias

Merci au feu et à ses flammes, merci aux jours qui s'ouvrent, merci au cheval, aux chevaux, à leur compagnie, leur tendresse, à tous les reflets dans les miroirs, merci aux cafés allongés, aux salades de pastèque féta échalotes, aux glaces au café, aux gâteaux opéra, aux gâteaux apéro, aux guirlandes de marcassins, merci à la maison que j'habite

Thanks for moments spent at death's door and Near Death Experiences, thanks to crybabies who suddenly decide to start roaring with laughter, thanks to trees for going green again, thanks to vegetarian food, thanks to poetry, thanks to early sunrise and sunset light, thanks to the sun inside, thanks to paulownias, cedars of Lebanon and monkey puzzles

Thanks to fire and its flames, thanks to dawning days, thanks to the horse, to horses, to their company and tenderness, to every reflection in every mirror, thanks to long black coffees, to salads of watermelon, feta cheese and shallot, to coffee ice creams, to chocolate and coffee sponge cakes, to pre-dinner crackers, to herds of young wild boars, thanks to the house I live in

Merci aux routes sans encombres, aux retrouvailles, à l'émotion des retrouvailles, aux petites baies rouges du houx, merci aux tisanes du soir, aux caramels du mercredi, aux bigorneaux et aux punaises, aux blaireaux, aux ours blancs, au grand pingouin et aux petits, merci aux pins sylvestres, merci à l'océan

Merci aux fous rires, aux soirées calmes, aux crinières qui réchauffent les mains, merci aux cartes de voeux, aux étoiles filantes, merci aux labyrinthes, merci aux sorties de secours, merci au fil d'Ariane et à toutes les pelotes invisibles, merci aux âm(i)es-fées et aux hommes-soeurs

Thanks to easy roads, to reunions and their emotions, to the little red berries of the holly tree, thanks to evening infusions, to toffees on Wednesdays, to winkles and bugs, to badgers and white bears, to penguins big and small, thanks to Scotch firs, thanks to the ocean

Thanks to fits of giggles, to quiet evenings, to horse manes that warm hands, thanks to greeting cards, to shooting stars, thanks to labyrinths, thanks to emergency exits, thanks to Ariadne's thread and all invisible balls of thread, thanks to soul mates, fairy-tale friends and sisterly men

Merci aux petites conversations joyeuses et légères, aux concerts de ceux qu'on aime, aux guitares manouches, aux flûtes bretonnes, aux pianos voyageurs, merci aux rires du petit-déjeuner, aux arbres qui grincent, aux arbres qui parlent, aux libellules, aux hippocampes, aux pangolins, merci aux balançoires en bois, aux draps-housses, aux passoires

Merci aux saumons, aux couleuvres, aux frelons, merci aux comédies musicales, au sac de lettres de ma grand-mère, à l'enthousiasme retrouvé, aux cocottes en papier, merci aux dates anniversaires, à tout ce qui relie, ce qui nous lie, nous aime

Thanks to small talk, chatter and banter, to concerts played by people we love, to gipsy guitars, breton flutes and travelling piano, thanks to laughter at breakfast time, to trees that creak and talk, to dragonflies, sea horses and pangolins, thanks to wooden swings, fitted sheets and colanders

Thanks to salmon, to grass snakes and hornets, thanks to musicals comedies, to my grandmother's sack of letters, to joy regained, to paper hens, thanks to anniversaries, to every link, reunion and sign of love between us

Merci pour les lettres reçues, les lettres envoyées, pour les vocaux, tous les messages, les courriels, les textos, les cartes postales, les petits mots sur la table de la cuisine, merci aux fées clochettes, merci au verre de muscadet avec les huîtres, merci aux longues nuits régénératrices, aux pizzas maison, aux grandes étreintes, à la colère qui est passée

Merci aux trains à l'heure, aux trains en retard, aux trains ratés, merci aux ancolies, aux pissenlits, aux semis, aux plantations, à toutes les graines, merci aux nappes brodées, merci aux corps quand ils dansent avec les âmes, merci aux chants qui s'élèvent, aux voix qui s'ouvrent, merci aux imprévus, aux désistements, aux changements de programme, à tout ce qui se déprogramme

Thank for letters received and letters written, for voice mails and all messages, emails and text messages, postcards, little notes on the kitchen table, thanks to Tinkerbell fairies, thanks to oysters with a glass of white wine, thanks to long regenerative nights, to home-made pizzas, to big cuddles and spent fury

Thanks to trains on time, trains running late and missed trains, thanks to columbines, dandelions and seedlings, to plantations and all kinds of seeds, thanks to embroidered tablecloths, thanks to body and soul dancing together, thanks to rising chants and opening voices, thanks to the unexpected, to withdrawals, to changed plans and cancellations

Merci aux sources, aux trèfles à quatre feuilles, aux trèfles à trois feuilles, merci à l'ardeur, à la beauté, au courage, au désir, merci à l'éphémère, à la folie, à tout ce qui passe, traverse, meurt et renaît, merci aux cyprès, aux séquoias, aux peupliers, aux cerisiers, merci à la goutte d'eau qui fait déborder le vase, au torrent de larmes sans prévenir, aux stratocumulus, aux cirrostratus, aux cumulonimbus, à tous les nuages

Merci aux enfants pas sages qui sont des sages, aux enfants perdus, cabossés, inconsolés, aux enfants qui grandissent tant bien que mal, aux enfants qui nous font grandir, merci à la puissance de la douceur

Thanks to springs, to the four-leaf clover, to the three-leaf clover, thanks to ardor, beauty, courage and desire, thanks to the transient nature of things, to madness, to all that passes, crosses, dies and is born again, thanks to cypresses, redwoods, poplars and cherry trees, thanks to the water drop spilling from the vase and to the straw that breaks the camel's back, to tears flowing without warning, to stratocumulus, cirrostratus, cumulonimbus and every possible cloud

Thanks to naughty yet wise children, to lost, battered and disconsolate children, to children that grow up as best they can, to children that make us grow up, thanks to the strength of sweetness

Merci à la mélancolie, merci aux boutons d'or, à l'infini dans la paume de la main, aux sources noires, aux sources blanches, aux dialogues avec les anges, aux âges de la vie, au muguet, aux pianistes, aux voyageurs, aux musiciens de Brême, aux contes d'ici, aux contes d'ailleurs, merci aux hommes qui s'arrêtent pour changer les roues crevées, merci à la joie, à toutes les joies

Merci aux virages, aux tangos, aux valses, aux escaliers et aux cabanes, merci aux bancs publics, aux toboggans, aux sorcières, aux chamanes, aux bisons, au tonnerre et aux ruisseaux, merci aux éditeurs, les petits, les moyens et les grands, merci aux libraires indépendants, aux bouquinistes, aux bibliothécaires, aux rayons livres des halls de gare, aux théâtres, aux cinémas d'art et d'essai, aux cinémas tout court

Thanks to melancholy, to buttercups, to infinity in the palm of the hand, to dark and white springs, to dialogues with angels, to ages of life, to the lily of the valley, to piano players and travellers, to Bremen town musicians, to tales from my country and tales from abroad, thanks to men that stop by the road to change a flat tyre, thanks to joy, to joys of all sorts

Thanks to bends, tangos and waltzes, to stairs and huts, thanks to public benches, slides and witches, to shamans and buffaloes, thunder and streams, thanks to small, medium-sized and big publishing houses, thanks to free-lance and secondhand booksellers, to librarians, to newsagent's shops selling books in railway stations, to theatres, to experimental cinemas and just to all cinemas

Merci aux échassiers et aux funambules, merci à la lumière des étoiles, des bouleaux, des lucioles, aux feux de joie, aux expressions de tendresse, aux mots d'amour, aux gestes d'amour, merci aux accolades, embrassades, câlins, tendresses, étreintes, avec les bras, les mains, les joues, les lèvres, les sexes, avec la peau, avec le corps

Merci aux livres lus d'une traite, au mystère de la matière noire, aux petites mares, aux immenses lacs, aux geais lanceurs d'alerte, merci à la fulgurance, à l'impermanence, à la concordance, aux phénomènes naturels, aux galaxies spirales, aux mandalas, aux escargots, merci aux amies d'enfance, au silence de la nuit

Thanks to wading birds, funambulists and trapeze artists, thanks to starlight and luminous silver birches, thanks to the light of fireflies and bonfires, to tokens of tenderness, words of love and loving gestures, thanks to embraces, to hugging and kissing with your arms, hands, cheeks, lips, sex, skin and body

Thanks to unputdownable books, to the mystery of black matter, to small ponds and big lakes, to whistleblowing jays, thanks to dazzling speed, to change and similarity, to natural phenomena, to spiral galaxies, to mandalas, to snails, thanks to childhood girlfriends, thanks to the silence of the night

Merci à l'harmonie des parties avec le tout, aux préludes de Bach, au grand rire de Mozart, aux Gymnopédies de Satie, aux Polonaises de Chopin, à la recherche du temps perdu, au Petit Prince, aux renards, aux baobabs et aux rosiers, à la transparence de l'esprit, aux voyages en ballon, en vélo, à pied, à cheval

Merci aux chemins creux, à l'univers dans la goutte d'eau, merci au souffle, au grand air, à l'air libre, merci aux métamorphoses, aux continuités, aux transformations, aux évolutions, aux découvertes, merci à la compassion, à l'empathie, à la résilience, aux ermites, aux altruistes, à la porosité, au lichen, aux violoncelles, aux coquillages, merci à la poésie, aux débordements d'amour, aux aléas de l'existence, aux synchronicités, merci aux arcs-en-ciel, aux éventails, aux paravents, aux points de repère

Thanks when four quarters make a whole, thanks to Bach's Preludes, to Mozart's horse laugh, to Satie's Gymnopédies, to Chopin's Polonaises, to Remembrance of Things Past, to The Little Prince, to foxes, monkey-breads and rosebushes, to transparent minds, to travels by balloon, cycling tours, walking trips and horse rides

Thanks to sunken lanes, to the universe contained in a water drop, thanks to breath and fresh open air, thanks to metamorphoses and continuity, changes, evolutions and discoveries, thanks to compassion, empathy and resilience, to hermits and altruists, to porosity, lichen, cellos and shells, thanks to poetry, love streams and the vagaries of life, to synchronicity, rainbows and fans, to folding screens and landmarks

Merci aux papas médecins, aux mamans infirmières, aux petits frères, aux sœurs de cœur, aux cousines, aux cousins, aux tantes, aux oncles, aux nièces, aux neveux, aux grand-parents, aux filleuls, aux parrains, aux marraines, aux amies, aux aimé(e)s, merci aux intuitions, aux résonances, aux convergences, merci aux accidents, aux maladies, aux pandémies, au brouillard et aux éclaircies, merci à tout ce qui recommence

Merci aux chiens qui viennent dormir arrondis contre les jambes droites, merci à la physique quantique, à la théorie de la relativité, aux corrélations, aux trous noirs, aux trous de mémoire, merci aux particules et aux ondes, à la partie immergée de l'iceberg et à sa partie émergée, merci aux pigeons voyageurs, aux chiens d'aveugles, aux montagnes, merci au flux des évènements, à la dilatation de l'univers, aux histoires sans fin, aux histoires terminées, aux récits inachevés

Thanks to fathers who are doctors and mothers who are nurses, to little brothers and adopted sisters, to cousins, aunts and uncles, to nieces, nephews and grandparents, to godchildren, godfathers and godmothers, to friends and beloved ones, thanks to intuition, echoes and agreements, thanks to accidents, diseases and pandemics, to fog and sunny spells, thanks to everything that starts again

Thanks to sleeping dogs curled up around outstretched human legs, thanks to quantum physics, to the theory of relativity, to correlations, to black holes and memory lapses, thanks to particles and waves, to the hidden and to the visible parts of an iceberg, thanks to carrier pigeons, guide dogs and mountains, thanks to the course of events and the expanding universe, to never-ending, unfinished and finished stories

Merci au ballet cosmique, aux fourmilières, aux lampadaires, merci aux tourterelles, aux girafes, aux poissons-lunes et aux cochons, merci aux cycles des saisons, des lunes et des marées, merci au flou quantique de l'énergie, merci à l'existence fantomatique des particules virtuelles, merci aux fleurs de lavande et à l'odeur du romarin, aux lions de la savane, aux molécules d'oxygène, à l'eau des pluies, à l'eau de mer, à l'eau de source

Merci aux légendes, aux magiciens, aux réveillés, aux éveillés, merci à la précarité des théories, à l'éternité de l'instant, merci aux tonnelles, aux abris, à la glycine et à la vigne, merci aux thés au jasmin, à la pêche, à la bergamote, merci aux forêts primaires et aux toutes petites, fraîchement plantées, merci aux robes à pois, aux nappes à pois, aux foulards à pois, à tout ce qui a des pois

Thanks to the Cosmic Dance, to anthills and street lamps, thanks to turtledoves and giraffes, to sunfish and pigs, to changing seasons, moons and tides, thanks to the quantum uncertainty of energy, thanks to the ghost-like existence of virtual particles, thanks to lavender flowers and fragrant rosemary, to lions in the savannah, to oxygen molecules, to rain water, sea water and spring water

Thanks to legends, to magicians, to bright and wide awake people, to precarious theories, to everlasting instants, thanks to bowers and shelters, to vine and wysteria, thanks to jasmine, peach and Earl Grey tea, thanks to primary and tiny freshly planted forests, thanks to polka-dot dresses, polka-dot tablecloths, polka-dot scarves and to everything with polka dots

Merci aux grosses colères qui sortent les monstres du placard, au ciel qui est en toi, et en moi, merci aux montres qui s'arrêtent, aux voitures qui tombent en panne, aux rendez-vous ratés, au sommeil agité

Merci à tous les gardiens des lieux de lumière, merci à Charlotte Delbo, à Noëlla Rouget, à Etty Illesum, à Philomena Franz, merci à toutes les femmes et tous les hommes qui transforment la souffrance en amour

Thanks to fits of anger which let the skeleton out of the cupboard, to the sky within you and me, to watches that stop and cars that break down, to missed opportunities and troubled sleep

Thanks to all lighthouse keepers, to Charlotte Delbo, Noëlla Rouget, Etty Illesum and Philomena Franz, thanks to all women and men who turn suffering into love

Merci à ceux qui montent à l'échelle, merci aux grandes lunes rousses, aux châteaux, aux prières, à tout ce qui se compte par sept, aux années qui suivent l'âge de quarante-neuf ans, merci aux fontaines, merci à la poésie, au cœur qui bat dans les épaules, à la mémoire de l'eau, à la langue des signes, à la langue que je parle, à toutes les autres

Merci aux pèlerins chercheurs de trèfle, aux écrivains journalistes, au temps perdu, au temps retrouvé, merci aux ronds-points, aux pare-brises, aux pierres noires, aux livres sans mots, aux boites ouvertes, aux boites aux lettres, à la joie des allumettes, merci à l'alternance des éclaircies et de la pluie, merci aux poèmes fresques, aux poèmes agités, aux poèmes sauvages et libres, aux poèmes à venir

Thanks to people who go up the ladder, thanks to big reddish moons, to castles, to prayers, to all that can be split into seven parts, to the years that come after the age of forty-nine, thanks to fountains, thanks to poetry, thanks to heartbeats that make my shoulders move, to the memory of water, to sign language, to the language I speak and to all other languages

Thanks to pilgrims in search of clover, to writers and journalists, to time wasted and time regained, thanks to roundabouts and windscreens, to dark stones and wordless books, to open boxes and letter boxes, to joyful matches, thanks to sunny spells and passing showers, thanks to panoramic poems, to agitated poems, to wild and free poems, to future poems

Merci pour les jours qui durent autant que les nuits, pour la neige parfois, merci pour tous les chants, les concertos et tous les cris d'animaux, merci pour la liberté de passer la frontière, et que partir soit possible autant que revenir

Merci à tous les réveils, avec ou sans sursaut, merci au gravier qui fait dérailler la machine, au ruissellement des eaux, à la mémoire des animaux, merci à l'ouest, au flux des fleuves, merci à là-bas, que j'emmène dedans, merci à maintenant, qui s'éternise

Thanks for days as long as nights, for snow sometimes, thanks for all songs, concertos and all animal noises, thanks for the freedom to cross borders and to come and go as we wish

Thanks to each awakening with or without a jump, thanks to the thorn in your side, to water running down, to the memory of animals, thanks to the west, to rivers flowing, thanks to the distance I take within myself, thanks to the present moment I keep for ever

Merci aux amitiés qui durent, aux amitiés qui ne durent pas, merci aux longs couloirs de parquet cirés, merci aux photos en noir et blanc, au goût des autres, aux belles histoires, aux airs de famille

Merci aux fausses notes, aux gens qui osent, aux gens qui s'aiment, aux gens qui plantent, aux douches dehors, aux bains chauds, aux séries policières

Thanks to long-lasting friendships, to short-lived friendships, thanks to the waxed wooden floors of long corridors, thanks to black and white pictures, to the taste of others, to beautiful stories, to Family Resemblances

Thanks to wrong notes, to people who dare, to people who love each other, to people who plant, to showers in the open air, to hot baths, to detective series

Merci aux bougies à la citronnelle, aux soupes à la citronnelle, à la citronnelle, merci aux montgolfières, au boucan des chevreuils les nuits de printemps, aux blaireaux, aux belettes, aux taupes, aux campagnols, merci au festival des musiques sacrées du monde de Fès

Merci aux jours qu'il faut pour faire le tour du monde, quatre-vingt, mille deux-cent quinze, quarante-six mille, ou toute une vie, ou plusieurs vies, merci à tous les nombres, aux combinaisons de numéros qui nous apparaissent par surprise, merci aux surprises, aux élans, aux tendresses, aux rebondissements

Thanks to lemon grass candles, to lemon grass soups, to lemon grass, thanks to hot-air balloons, to the racket of roe deers on Spring nights, to badgers, weasels, moles and voles, thanks to Fez Festival of World Sacred Music

Thanks to the days needed to go around the world, eighty, one thousand two hundred fifteen, forty-six thousand, a lifetime or several lives, thanks to all numbers, to number combinations coming to us by surprise, thanks to surprises, to surges of affection and sudden new developments

Merci aux œufs mayonnaise, aux olives aux anchois, aux fleurs d'artichaut, aux artichauts, aux fleurs d'oignons, aux oignons, aux fleurs d'oranger, aux oranges, merci à tout ce qui pousse, éclôt, mûrit, à tout ce qui s'ouvre, à tout ce qui agrandit, apaise, honore

Merci aux coulemelles croquées crues dans le pré, aux mûres mûres, à la ciboulette, aux feuilles de trèfle, merci aux brouettes, aux remorques, aux cantatrices d'opéra, merci aux monologues bouleversants, aux compagnies de danse, de théâtre, d'acrobates et de jongleurs

Thanks to eggs with mayonnaise, to anchovy stuffed olives, to artichoke flowers and artichokes, to onion flowers and onions, to orange blossoms and oranges, thanks to all that grows, opens and ripens, to all that widens, enlightens, soothes and honours

Thanks to raw parasol mushrooms crunched in the grass, to ripe blackberries, chives and clover leaves, thanks to wheelbarrows and trailers, thanks to prima donnas and shattering monologues, to dance and theatre companies, tightrope walkers and jugglers

Merci aux souvenirs que je garde des westerns, merci aux blagues de blondes, merci à Columbo, merci au Club des Cinq, au Clan des Sept, merci à Black l'étalon noir et à Mon amie Flicka

Merci aux sourires du serveur, merci aux pochettes neuves des crayons-feutres, aux chasseurs qui reviennent bredouilles, aux chasseurs qui arrêtent de chasser, au bruit du vent dans le peuplier, au plongeon de la grenouille, à l'apparition d'une libellule, aux visites des hérissons, aux derniers mots prononcés, et aux premiers

Thanks to the memories I have kept of westerns, thanks to blonde jokes, thanks to Columbo, thanks to the Famous Five and the Secret Seven, thanks to Black Beauty and My friend Flicka

Thanks to the waiter's smiles, thanks to brand new packs of felt-tip pens, to hunters who come home empty-handed, to hunters who stop hunting, to the noise of the wind in the poplar tree, to the jump of the frog, to the appearance of a dragonfly, to the visits of hedgehogs, to first and final words

Merci pour les poubelles vidées, pour les lits refaits, pour le linge qui sèche vite, merci pour les apéros dehors, les kirs pêche, les cacahuètes, pour les pommes de terre en forme de cœur, pour les nuages en forme de cœur, merci pour tout ce qui a une forme de cœur, merci pour les films mélo et romantiques, pour les films osant les happy ends qui s'attirent de sévères critiques et font rager les cyniques

Merci pour les cahiers, les carnets, le papier filtre, le papier calque, le papier de riz, le papier de soie, merci pour les vers à soie, merci pour les phares, pour les lampes de poche, pour les porte-clés, pour les sacs à main, merci pour les regards croisés des promeneurs, merci pour l'affiche dans la salle d'attente, merci pour les restaurants au bord de l'eau, merci d'avoir enlevé votre masque

Thanks for emptied bins and freshly made beds, for linen that dries quickly, thanks for drinks taken outside before lunch or dinner, for white wine with peach liqueur and peanuts, for heart-shaped potatoes, heart-shaped clouds and every heart-shaped thing, thanks for soppy and romantic films, for films that take the risk of a happy ending and get very bad reviews or anger cynics

Thanks for copybooks and notebooks, filter paper, tracing paper and rice paper, silk paper and silkworms, thanks for beacons and flashlights, key rings and handbags, thanks for the looks exchanged between people out for a walk, thanks for the poster in the waiting room, thanks for restaurants by the water, thanks for taking off your mask

Merci pour les salades aux noix et au roquefort, pour le bruit des sabots sur les pavés, pour les ponts Eiffel, pour la joie des chiens, leur fidélité, leur amour inconditionnel, merci pour les grilles au-dessus des puits, pour les balustrades, les balcons, les parapets, merci pour la poésie

Merci pour les trains à compartiments, pour les trains sans compartiments, pour les trains de nuit, pour les cicatrices, les éraflures, les fractures du crâne, les hématomes, merci pour les sauvetages, les rescapés, les survivants, merci pour tout ce qui s'épouse sans jamais s'opposer, merci pour les noms donnés aux lieux, pour les arbres dont on se souvient, pour la serveuse du restaurant, arrangeante, souriante, efficace, merci pour les silences et pour les sourires

Thanks for walnut and Roquefort cheese salads, for the noise of hooves on cobbled stones, for Eiffel bridges, for dogs' joy, loyalty and absolute love, thanks for grates shutting off wells, for handrails, balconies and parapets, thanks for poetry

Thanks for trains with or without compartments, for night trains, for scars, scratches, fractured skulls and bruises, thanks for rescue operations, for survivors, thanks for all that matches and never clashes, thanks for names given to places, for trees we remember, for the smiling, obliging and efficient restaurant waitress, thanks for silences and smiles

Merci au vol des martinets entre avril et juillet, à leur grand boucan joyeux de cris, de rondes et de jeux, merci à la mésange charbonnière, à la mésange bleue, à toutes les mésanges, merci au rouge-gorge d'être venu se poser à cette minute-là exactement devant mes yeux, merci aux tonnelles en fer forgé, aux volets qui laissent passer la lumière, à ce qui étincelle, brille et scintille à la surface de la mer les jours de grand soleil

Merci aux médecins urgentistes, aux médecins qui démissionnent, merci à la douceur des albizzias, aux allées de lauriers-roses, merci aux glycines dont les troncs savent tout du verbe entrelacer, merci de m'avoir ouvert les bras, merci aux chaises longues, aux chaises de jardin, aux bancs, aux fauteuils

Thanks to cheerful swifts flying, chirping, turning and dancing from April to July, thanks to the great tit, to the blue tit, to all tits, thanks to the robin for landing under my eyes at that precise moment, thanks to wrought iron bowers, to sunlight streaming through shutters, to all that gleams, sparkles and glitters in the sun and on the sea

Thanks to emergency doctors, to resigning doctors, thanks to the sweetness of albizias, to paths of oleanders, thanks to wysteria and its interlacing trunks, thanks for taking me into your arms, thanks to deckchairs and garden chairs, to benches and armchairs

Merci aux vétérinaires holistiques, aux médecins qui ont cheminé après l'école de médecine, merci aux plantes, à leurs vertus curatives, à leur musique, à ceux qui l'enregistrent, merci aux vibrations contenues dans les granules d'homéopathie, merci aux talents révélés, à la confiance retrouvée, aux egos rassurés qui peuvent enfin rapetisser

Merci à vous qui dansez, qui chantez, un peu, beaucoup, à la folie, merci de danser encore après minuit, merci aux cigales, merci aux nuages qui prennent des formes de phénix, merci aux concertos, aux orchestres philharmoniques, aux quatuors à cordes, aux trios, aux duos, aux solos, merci aux tables à l'ombre, aux tables rondes, aux petites marches d'escaliers entre les jardins et les maisons

Thanks to holistic veterinarians, to doctors who made their way further than the Faculty of Medicine, thanks to plants, to their healing properties, to their music and to people who record it, thanks to the vibrations contained in homeopathic granules, thanks to displayed talents and restored confidence, to egos that eventually get smaller after being reassured

Thank you for dancing and singing deeply and madly, thank you for dancing even after midnight, thanks to cicadas, thanks to clouds that get into the shape of a phoenix, thanks to concertos, to philharmonic orchestras, to string quartets and trios, to duos and solos, thanks to tables in the shade, to round tables, to little steps between the garden and the house

Merci aux rosalies des Alpes, aux cyprès chauves, aux érables negundo, au trèfle d'eau, aux galettes œuf et champignons, aux pizzas trois fromages, aux tartes au citron meringuées, merci à la poésie, aux galets ronds des plages sans sable, aux arbres qui poussent dans le sable, aux grandes lavandes bourdonnantes

Merci aux boucles blondes des bébés, à leur tignasse frisée noire, à leurs mains potelées, aux mouvements de leurs lèvres, merci aux professeurs de yoga, de tai chi, de qi gong, merci aux professeurs des écoles, des collèges, des lycées, des universités, merci aux professeurs qui aiment leurs élèves

Thanks to the Rosalia longicorn, to bald cypresses, box elder maples and marsh clover, to buckwheat pancakes with eggs and mushrooms, three cheese pizzas and lemon meringue pies, thanks to poetry, to round pebbles on sandless beaches, to trees growing in the sand, to big buzzing lavender

Thanks to babies' blond curls, to their black frizzy unruly hair and chubby hands, to their lips moving, thanks to yoga, tai chi and qi gong teachers, thanks to primary, secondary and high school teachers, to university professors, thanks to teachers who like their students

Merci à la vaisselle dépareillée, aux chaussettes raccommodées, aux vieilles tasses ébréchées, au son des bols tibétains, aux câlins des bonobos, merci à l'humilité des vieillards, à l'espièglerie de l'enfance, merci aux bougies soufflées, au courage des ruptures, aux œufs des poules, au coq qui chante, merci aux voyelles

Merci aux chouettes effraies, aux chouettes hulottes, aux chouettes chevêches, aux hiboux petit moyen et grand ducs, merci aux genêts, aux ajoncs, à la voiture du facteur, aux phénomènes inexpliqués, aux genoux qui flanchent, aux cadeaux de trois fois rien, aux cadeaux maison, aux cartes postales d'animaux

Thanks to odd crockery, to darned socks, to old chipped cups, to the sound of Tibetan bowls, to the cuddles of bonobos, to humble old age and mischievous childhood, thanks to blown out candles, to courageous break-ups, to hen's eggs and crowing cockerels, thanks to vowels

Thanks to barn owls, tawny owls and small owls, to small-duke owls, long-eared owls and Eurasian eagle owls, thanks to broom and gorse, to the postman's van, to unexplained phenomena, to bended knees, to gifts for next to nothing, to home-made gifts, to postcards of animals

Merci aux salamandres, à la philosophie des oiseaux, à la cinquième dimension, merci aux gens qui remercient, merci aux tombes simples et fleuries, merci aux passeurs d'âme, aux murs qui tombent, aux peurs qui partent, aux bijoux en argent, aux pierres de turquoise, de morganite, de tourmaline, à toutes les pierres et à leur vertus

Merci pour le panier rond, l'écharpe rose et les tennis jaunes, merci pour les grands tris, les vide-greniers, les friperies, les voitures d'occasion, merci pour la petite broche en crins de cheval, merci aux associations protectrices des animaux, des forêts, des platanes, des rivières, des femmes battues, des hommes battus, des enfants maltraités, des enfants malades, des enfants abandonnés

Thanks to salamanders, to the philosophy of birds, to the fifth dimension, thanks to people who say thank you, thanks to simple and flowered tombstones, thanks to people helping souls to leave, to walls that fall and fears that go away, to silver jewels, to turquoise, morganite and tourmaline stones, to all stones and their virtues

Thanks for the round basket, the pink scarf and the yellow trainers, thanks for big sort-outs and garage sales, secondhand clothes shops and cars, thanks for the little brooch made out of horse hair, thanks to associations protecting animals, forests, plane trees, rivers, battered women and battered men, ill-treated, sick and abandoned children

Merci pour la rééducation du périnée, pour la respiration alternée, pour la cohérence cardiaque, pour la communication intuitive, la médiumnité, la clairvoyance, la clairaudience, le clair ressenti, les messages des défunts, merci pour les armoires pas trop lourdes, pour la neige pas annoncée, pour le bruit de verre en elle, pour les maisons qui penchent, pour l'huile de noix, le vin de noix, pour toutes les noix

Merci à la peau qui parle, au vide interstellaire, aux tisseurs de paix, aux inventeurs de jeux, à l'éco-participation, au féminin sacré, au masculin sacré, merci à l'expérience intérieure, aux jardins-forêts, aux jardins potagers, aux tomates des voisins, aux chats retrouvés, aux trêves, aux pauses, aux récréations, aux travailleurs acharnés

Thanks for perineum reeducation, for alternate breathing and cardiac coherence, for intuitive communication and for mediumship, clearsightedness, clairaudience, clairsentience and messages from the dead, thanks for wardrobes of medium weight, for snow tinkling and coming unannounced, for tilted houses, for walnut oil, walnut wine and all nuts

Thanks to skin that speaks, to the interstellar void, to peace weavers and game makers, to ecocontribution, to the Sacred Feminine, to the Sacred Masculine, thanks to Inner Experience, to forest gardens and vegetable gardens, to the neighbours' tomatoes, to cats found again, to truces, breaks and playtime, to hard-working people

Merci aux lignes d'horizon, aux chasses au trésor, aux trésors qui ne se cherchent pas avec les mains, aux menhirs, aux dolmens, au monde sous-marin, aux canopées, aux minuscules, aux microscopiques, aux maisons en bois, aux maisons en pierre, aux haies touffues, merci aux garagistes des villages, aux organistes des églises, aux traducteurs, merci à tous ceux qui accompagnent, qui soignent, qui réparent et qui consolent

Merci aux gens qui pardonnent, merci à ceux qui tiennent les portes, qui souhaitent la bienvenue, ceux qui s'effacent, ceux qui s'affirment, ceux qui changent de vie, ceux qui font des surprises, ceux qui aiment leur vie, merci à la grande diversité, biologique, ethnique, sociale, esthétique ou architecturale, merci aux voyages à pied, aux marcheurs, aux chemins, aux créateurs, merci à ceux qui restent

Thanks to the horizon, to treasure hunts, to treasures you don't search for with your hands, to menhirs, dolmens and all standing stones, to the underwater world, to canopies, to minute and microscopic things, to wooden houses and stone houses, to bushy hedges, thanks to garage mechanics in villages, to church organists, to translators, thanks to all the people who cure, mend, comfort and escort

Thanks to people who forgive, thanks to those who hold doors and say Welcome, those who withdraw and those who assert themselves, those who start a new life, those who make surprises, those who love their life, thanks for so much biological, ethnic, social, aesthetic or architectural diversity, thanks to walkers and walking trips, to paths and creators, thanks to those who remain

Merci aux ampoules qui n'aveuglent pas, aux lits douillets, aux draps propres, aux interdictions d'utiliser des pesticides, merci aux allumeurs de réverbères, aux sourciers, aux sorcières, aux granges ouvertes, merci aux troupeaux en liberté, aux boutons recousus, aux baisers volés, aux mots sur le bout de la langue, aux brochettes de poivron, aux galaxies inaccessibles

Merci aux repas de famille, aux concerts de musique tsigane, aux fanfares dans la rue, merci aux fins heureuses, aux enfants sur les épaules, aux euphories éphémères, aux retours à la solitude, aux promenades en forêt, merci à toutes les piles de livres à lire, aux lunettes, aux béquilles, aux chapeaux, merci au fil du funambule, au vendeur de fleurs, aux guinguettes, aux bals musette

Thanks to light bulbs that don't dazzle, to soft beds and clean sheets, to the banning of pesticides, thanks to lamplighters, water diviners and witches, to open barns and flocks roaming free, to buttons sewn back on, to stolen kisses and words on the tip of the tongue, to red or green pepper brochettes, to unattainable galaxies

Thanks to family meals, to gipsy music concerts, to street brass bands, thanks to happy endings, to children sitting on shoulders, to fleeting euphoria, to regained solitude, to walks in the woods, thanks to all the piles of books still to be read, to glasses, to crutches, to hats, thanks to the rope of the tightrope walker, to the florist, to open air cafés and dance halls

Merci aux visites guidées, aux souvenirs déformés, aux manèges en musique, merci aux orgasmes, aux caresses sans finir, merci pour les guérisons, les réconciliations, les moelleux au chocolat, les avocats, le gaspacho, la tapenade, le caviar d'aubergine, merci aux crudivores, aux pacifistes et aux enchanteurs, merci à l'absence de cynisme, à la persévérance des fourmis, aux Thanatonautes , aux îles désertes, aux grandes villes qui débitument, aux petites villes qui revivent

Merci aux courageux, merci aux résilients, aux thérapeutes, à leurs patients, à leur patience, merci aux chirurgiens, aux pilotes, aux conducteurs de bus, merci aux éboueurs, aux comptables, aux plongeurs, merci d'avoir fait volte-face, de vous être cabré, merci d'avoir dit non, d'avoir cessé d'obéir à la consigne

Thanks to guided tours, to distorted memories, to music on merry-go-rounds, thanks to orgasms, to endless caresses, thanks for healing and reuniting, for chocolate fondant cakes, avocados and gazpacho, tapenade and aubergine dip, thanks to raw food eaters, to pacifists and charmers, thanks to the absence of cynicism, to ants for their steadiness, to Thanatonauts, to desert islands, to big cities that stop becoming concrete jungles and small towns that come back to life

Thanks to courageous and resilient people, to therapists, to their patients and their patience, thanks to surgeons and pilots, bus drivers and dustmen, accountants and divers, thanks for U-turns and rebellion, thanks for saying No and for refusing to obey

Merci d'avoir dit oui, merci d'avoir tranché, merci d'avoir changé d'avis, merci pour la souplesse, pour l'odeur du café moulu, pour les rituels de passage, pour les araignées épargnées, pour les tapis secoués, pour les verres à pied, les vins sans sulfite, pour le jus de pamplemousse, pour les salades grecques, pour les vaches sacrées

Merci aux châteaux de sable, aux concours de billes, aux nageurs des quatre saisons, aux intranquilles, au réenchantement du monde, à l'improbable, à la sobriété heureuse, merci à la confiture de citron, au caramel au beurre salé, merci aux jupes, aux bottes, aux bonnets, aux culottes, merci à toutes les cases de la marelle, aux tourne tourne mon balai, aux éperviers, aux jeux de piste, aux relais, aux dames chinoises, au nain jaune, au huit américain, au solitaire, au mistigri

Thanks for saying Yes, thanks for concluding, thanks for changing your mind, thanks for being flexible, for the smell of ground coffee, for rites of passage, for spared spiders, for shaken out carpets, for stemmed glasses, for sulfite free wine and grapefruit juice, for Greek salads and sacred cows

Thanks to sand castles and games of marbles, to swimmers of all seasons, to tormented people, thanks for making the world a lovely place again, thanks to improbability, to happy simplicity, thanks to lemon jam, to fudge, thanks to skirts and boots, to wooly hats and knickers, thanks to each square of the hopscotch, to dancing brooms, to British Bulldog and treasure hunts, to relay races and Chinese draughts, to pope Joan and crazy eights, to solitaire and jack of clubs

Merci pour les montagnes sous la brume, merci pour la poésie, merci pour les play-lists, les piscines naturelles, les résurrections, les lieux ouverts, les petites gares qui ont encore des guichets, les petites postes, les épiceries, les circuits courts, l'alimentation biologique, le commerce local

Merci pour les polars, les mangas, pour les carnets de voyage, les bandes-dessinées, pour les albums, les romans, les récits, les correspondances, merci pour les vieux parquets, pour les mots vieillis, pour les chansons ringardes

Thanks for misty mountains, thanks for poetry, thanks for play-lists, swimming ponds, resurrections, open places, small train stations still keeping their ticket offices, small post offices, grocery stores, local food networks, organic food, local trade

Thanks for detective novels, mangas and travel diaries, comics, albums, novels, correspondences and stories, thanks for old wooden floors, for old-fashioned words and corny songs

Merci pour les dictionnaires d'étymologie, pour les dictionnaires de mots savants, pour les dictionnaires des idées aux mots et des mots aux idées, pour les encyclopédies, les livres de conjugaison, les livres d'astronomie, les atlas, les recettes de tiramisu, les cartes routières, merci pour la langue des oiseaux

Merci pour les pierres en travers du ruisseau, pour la mue des serpents, pour la ponte des crapauds, pour l'éclosion des nénuphars, pour les chemises pas repassées, merci pour les gens haut-perchés, pour les longs galops calmes, pour les grandes dunes de sable, pour les volcans éteints

Thanks for etymological and scholarly dictionaries, for books of Words and Ideas, for encyclopedias and grammar books, astronomy books and atlases, tiramisu recipes, road maps, thanks for the language of birds

Thanks for the stones across the stream, for sloughing snakes and egg laying toads, for opening waterlilies, for crumpled shirts, thanks for people with their heads in the clouds, for long and quiet gallops, for huge sand dunes, for extinct volcanoes

Merci aux cerises sur le gâteau, à la poésie verticale, aux tortues, aux méduses, aux dauphins, aux panthères des neiges, aux vers de terre, aux moineaux, aux tout-petits, aux moins que rien, aux sans-papiers, aux sans-abris

Merci aux aubes qui blanchissent la campagne, aux mains dans les poches des paletots troués, à la malice, à l'audace, merci aux falaises, aux ensoleillés, aux émerveillés, merci pour ces moments-là, merci pour les cailloux qui flottent, merci pour tout cela

Thanks to the icing on the cake , to vertical poetry, to turtles and jellyfish, to dolphins and snow leopards, earthworms and sparrows, low earners, complete losers, people without documents and without a home

Thanks to dawn when the sun whitens the plains, to fists in the holey pockets of a coat, to boldness and mischievousness, thanks for cliffs, for people in the sun and people filled with wonder, thanks for those moments, thanks for floating pebbles, thanks for all that

Merci aux habitations nomades, atypiques, fragiles, aux objets de rencontre, aux petites personnes, aux failles, aux radis bleus, aux caisses de vin reconverties en bibliothèques, aux armoires de poupée, aux théières cassées transformées en pots à crayons

Merci aux listes, aux pense-bêtes, aux brouillons, merci aux espaces libres entre terre et mer, aux poèmes pauvres, aux ronds dans l'eau

Thanks to flimsy, mobile and unusual homes, to miscellanous items, to little people, to flaws, to blue raddish, to wine crates changed into bookcases, to doll's wardrobes, to broken teapots turned into pencil cups

Thanks to lists, memo boards and drafts, thanks to free spaces between the coast and the sea, to poor rhymes and rings in the water

Merci aux notaires géobiologues, aux architectes de l'invisible, aux dessinatrices d'étincelles, aux amies Québécoises, aux filles formidables même si ça ne dure pas longtemps, merci aux compagnies silencieuses, aux paroles de voyageurs, aux gestes de la toilette

Merci à l'enfant, à la taupe, au renard et au cheval, merci aux caisses à outils, au grand bal du printemps, à la mort heureuse, aux castors, aux colombes, aux nounours, aux doudous, aux porte-bonheurs

Thanks to solicitors interested in geobiology, to architects of the invisible, to women artists drawing sparkles, to girlfriends from Quebec, to girls who work wonders – even if not for long, thanks to silent companionships, to the words of travellers, to dressing habits and grooming gestures

Thanks to the Boy, the Mole, the Fox and the Horse, thanks to toolboxes, to the Great Spring Ball, to happy death, to beavers and doves, to teddy bears, cuddly toys and lucky charms.

Merci aux nuits de feu, aux intuitions, aux films documentaires, aux herbes qui dépassent, aux maisons pas impeccables, aux musiques de film, merci à la poésie, merci à mes amours, à vos amours, à nos amours, merci à mon amour

Merci aux plumes qui flottent sur la surface des eaux, merci d'écrire sur ma tombe : s'il vous plait souriez-moi, merci aux pédagogies actives, coopératives, différenciées, merci à la petite et la grande Ourse, à Jupiter, aux comètes, aux planètes naines, aux géantes rouges

Thanks to nights of fire, to intuition, to documentary films, to grass that is not too short, to houses that are not too clean, to film soundtracks, thanks to poetry, thanks to those I love, to those you love, to our loves, thanks to my love

Thanks to feathers floating on the water, thanks for writing « Please smile to me » on my tombstone, thanks to active teaching, cooperative pedagogy and differentiated instruction, thanks to the Little Bear and to the Great Bear, to Jupiter and to comets, to dwarf planets and red giants

Merci pour les vaisselles en famille, les jeux dehors, les œufs à la coque, les petites maisons dans la prairie, les fratries de filles, les lettres qu'on relit dix ans après, les greniers du siècle, les mariages sans cravate, les enterrements en blanc, les communions multicolores, les faux-pas, les gaffes, les embarras, les histoires drôles

Merci pour les girouettes artisanales, les cultures en biodynamie, les enfants pas comme les autres, le dévouement des parents, merci pour la fraîcheur des églises, pour les réseaux telluriques, les grilles d'ondes magnétiques, pour les cathédrales de lumière, les courts-métrages, les colliers de perles, les robes rouges, la grande et belle liberté, les clapiers abandonnés, les écuries ouvertes

Thanks for washing-up sessions with the family, outdoor games and egg-laying toads, little houses on the prairie and family of girls only, letters we read after ten years, exhibitions of objects from the twentieth century, weddings without ties, white dress code at funerals and multicoloured dress code for communions, stumbles and blunders, embarrassing moments and jokes

Thanks for home-made weather vanes, biodynamics, peculiar children and devoted parents, thanks for the fresh air of churches, for telluric networks and magnetic waves, for cathedrals of light, short films, pearl necklaces and red dresses, great and beautiful freedom, deserted rabbit hutches and open stables

Merci pour l'humour, pour les proies épargnées, pour la précision des botanistes, les feux de cheminée, le réconfort et le repos, merci pour les quais des petits ports, pour les bateaux qui ont des noms, pour les grues jaunes des chantiers, les rubans de peupliers, les trémolos dans la voix, les hésitations, les bégaiements

Merci aux poney-clubs sans mors, aux centres équestres sans boxes, merci aux châtaignes grillées, à la communication non-violente, aux restaurants ouverts le lundi, aux massages ayurvédiques, à la réflexologie plantaire, aux accords toltèques, aux sagesses amérindiennes, à la tradition Ho'oponopono, merci au peuple hopi, merci à nos invisibles guides, merci aux temples de la paix, à l'éveil des consciences, aux cercles de gratitude, à la montée des vibrations

Thanks for humour, for spared preys, thanks to botanists for their precision, fires crackling in fire places, consolation and peace of mind, thanks for quays in little sea ports, for boats with names, for yellow cranes on building sites, lines of poplars, quavering, shuttering and faltering voices

Thanks to pony clubs with no bits and riding schools with no loose boxes, thanks to roasted chestnuts, to non-violent communication, to restaurants open on Mondays, to ayurvedic massages and foot reflexology, to The Four Agreements and Native American wisdom, to the Ho'ponopono tradition and to the Hopis, thanks to our invisible guides, thanks to peace temples and growing awareness, thanks to people sitting in circles expressing thankfulness, thanks to rising vibrations

Merci à ici, merci à aujourd'hui, merci à toi.

Thanks to the here and now, thanks for today, thank you

Retrouvez la bibliographie et les actualités d'Albane Gellé ici : www.albanegelle.com

ainsi que des vidéos-lectures sur sa chaine youtube

MIXTE
Papier issu de sources responsables
Paper from responsible sources
FSC® C105338